AF380452

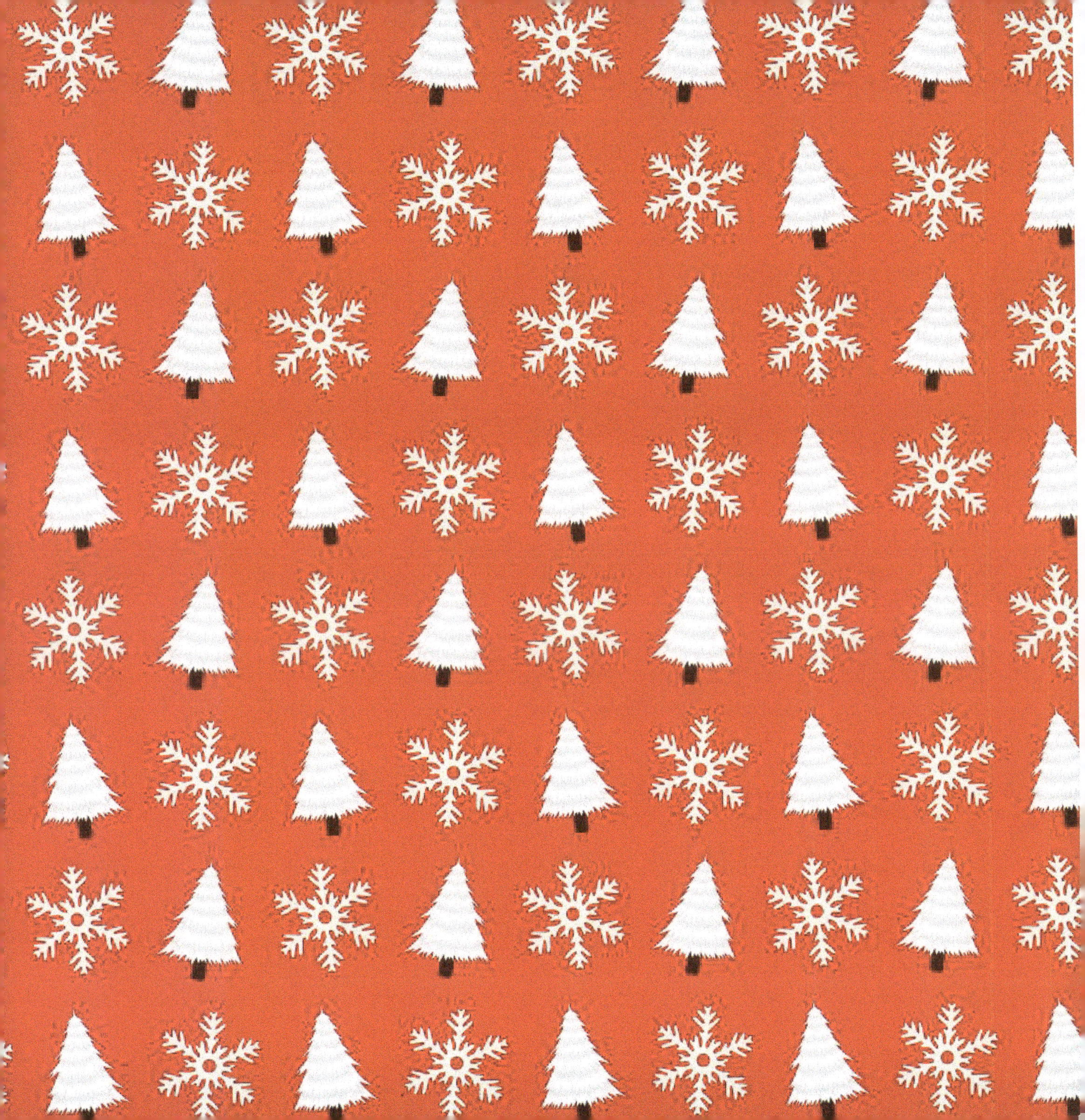

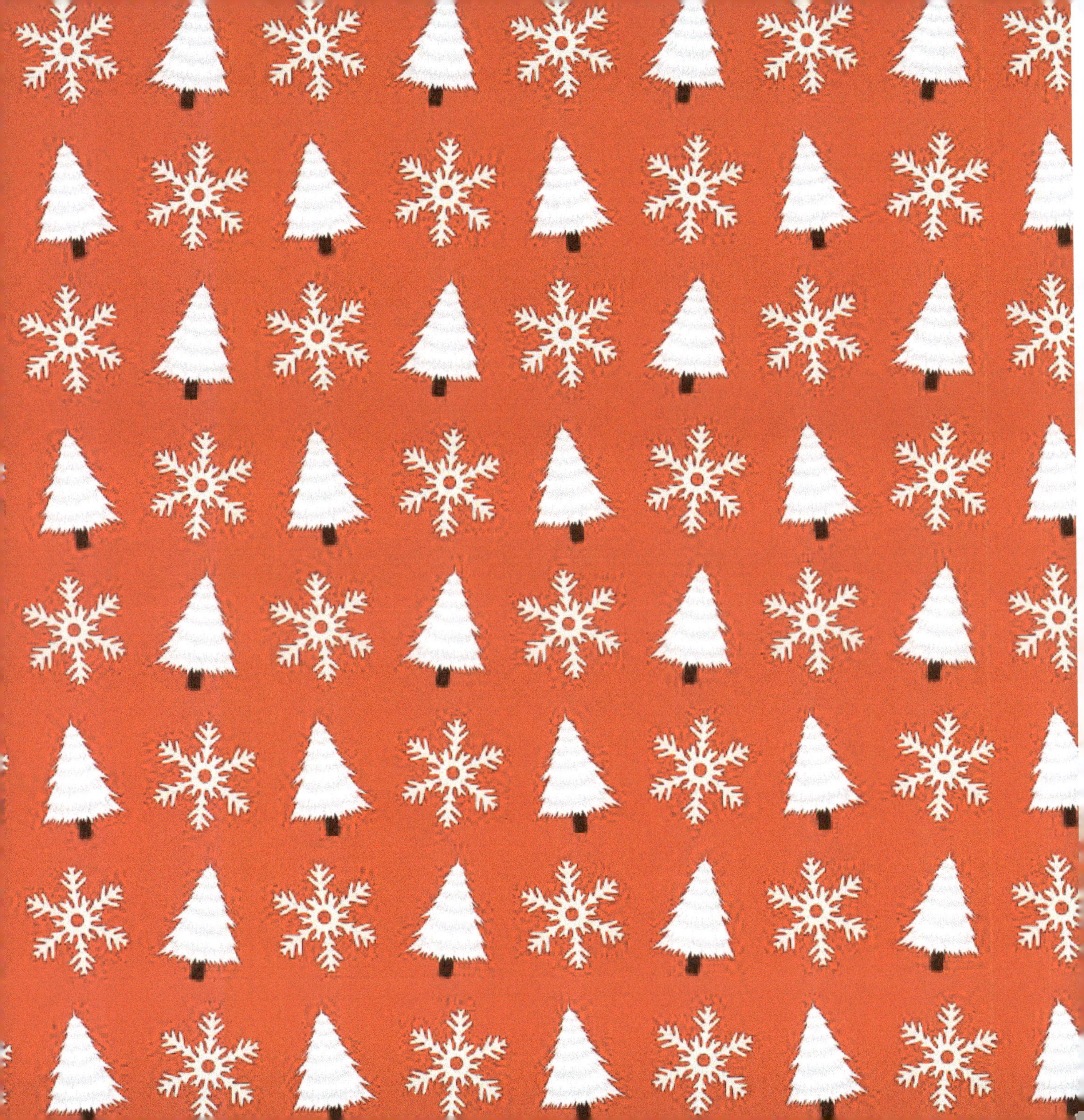

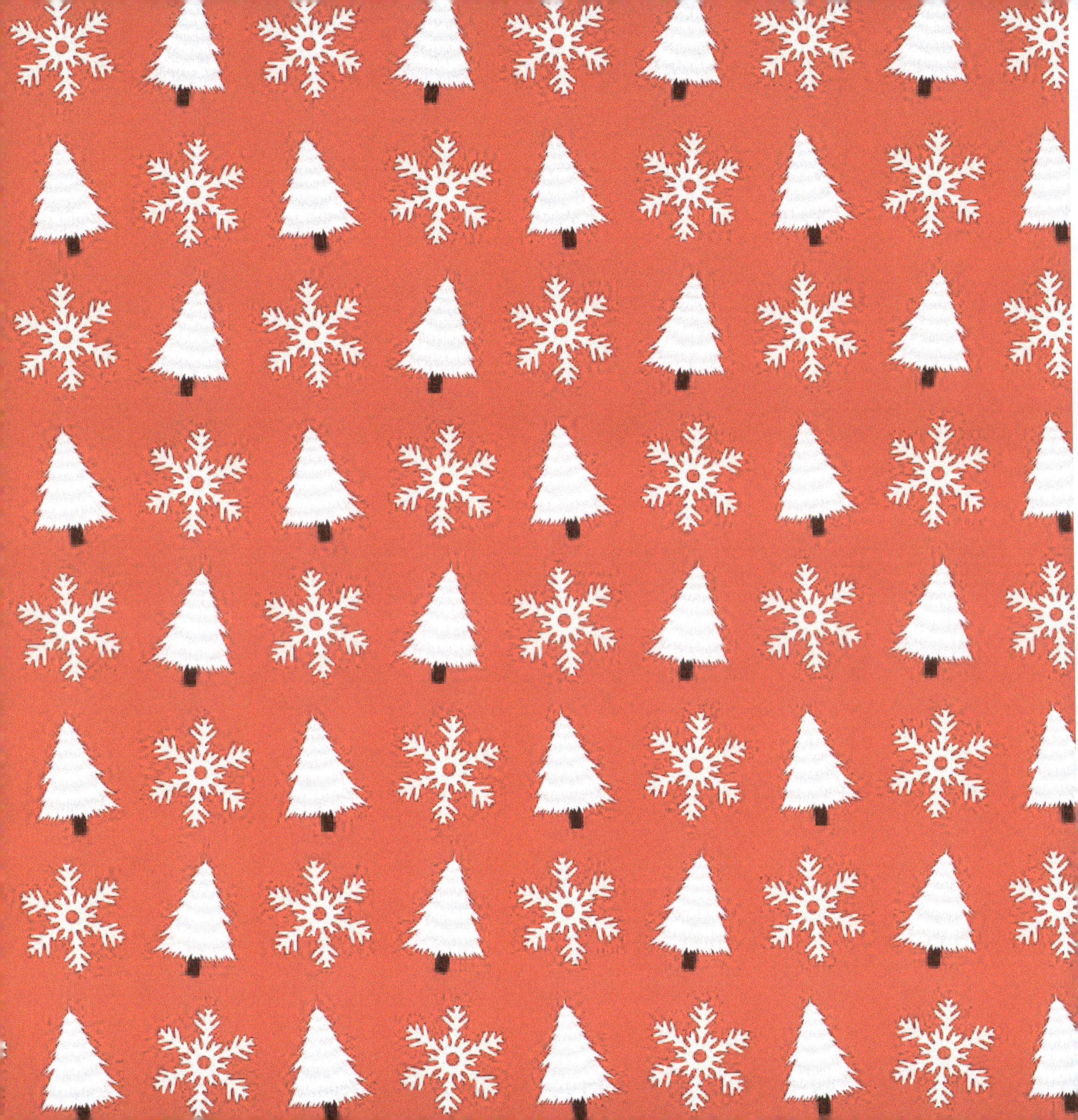

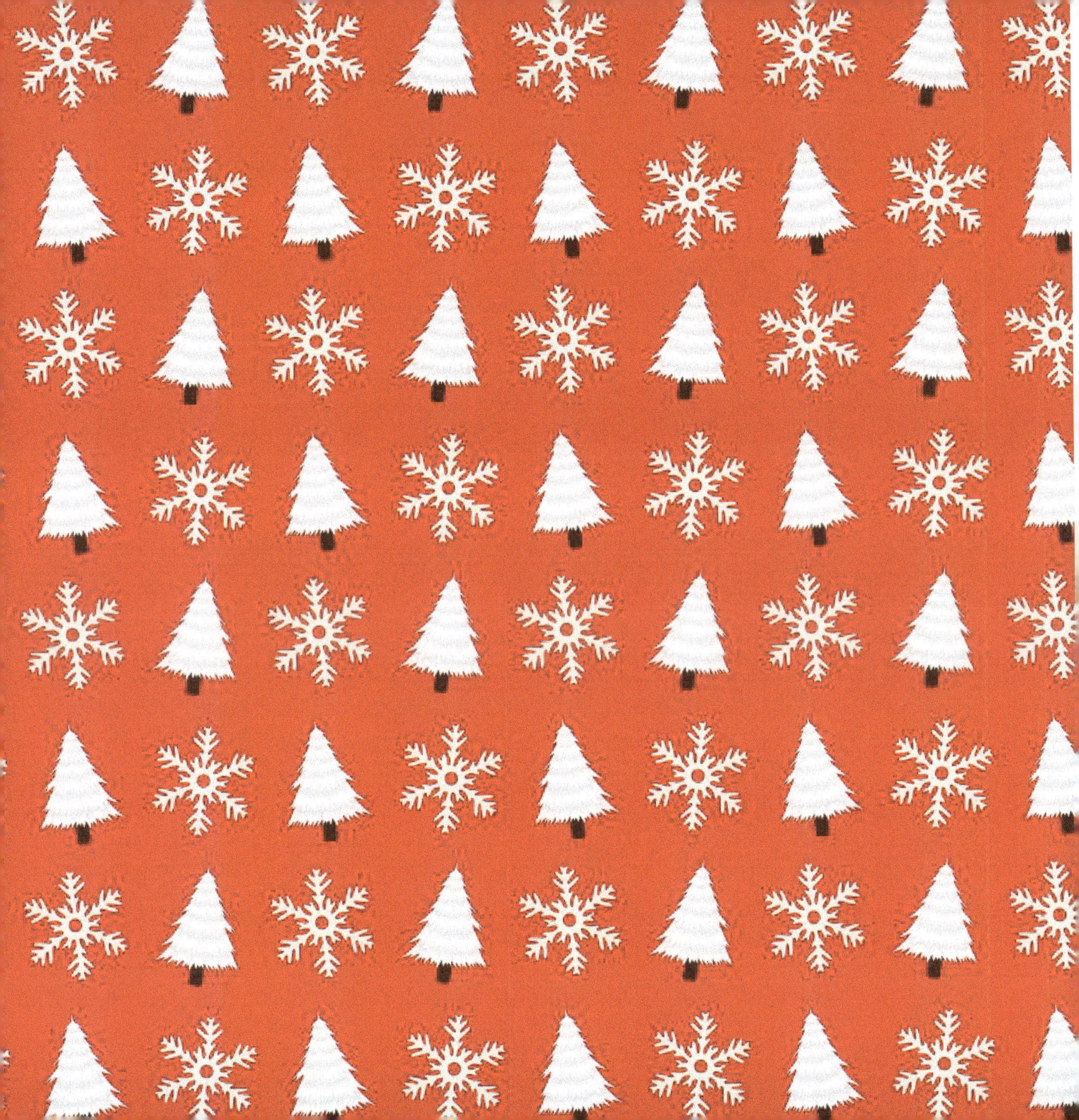

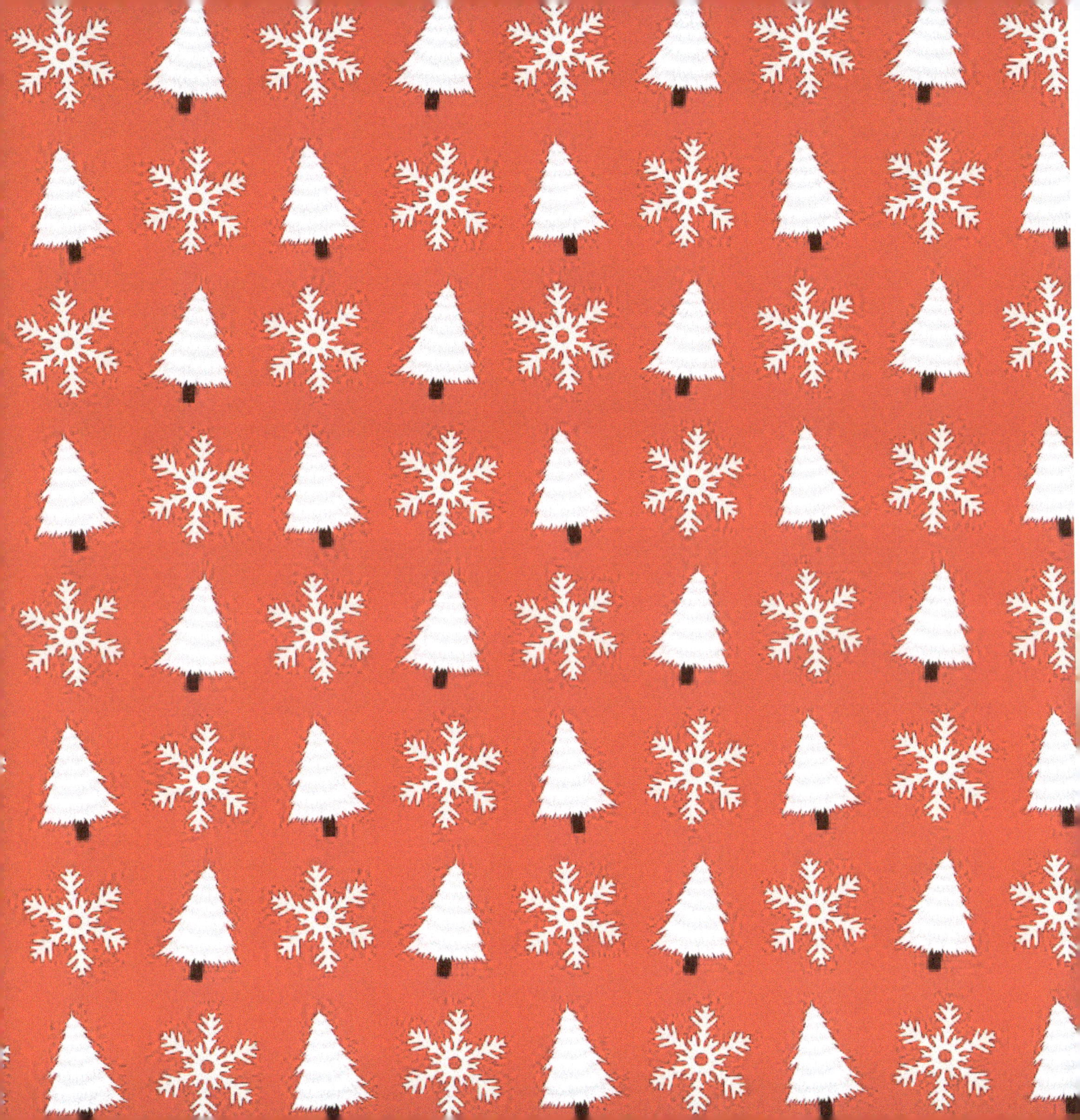

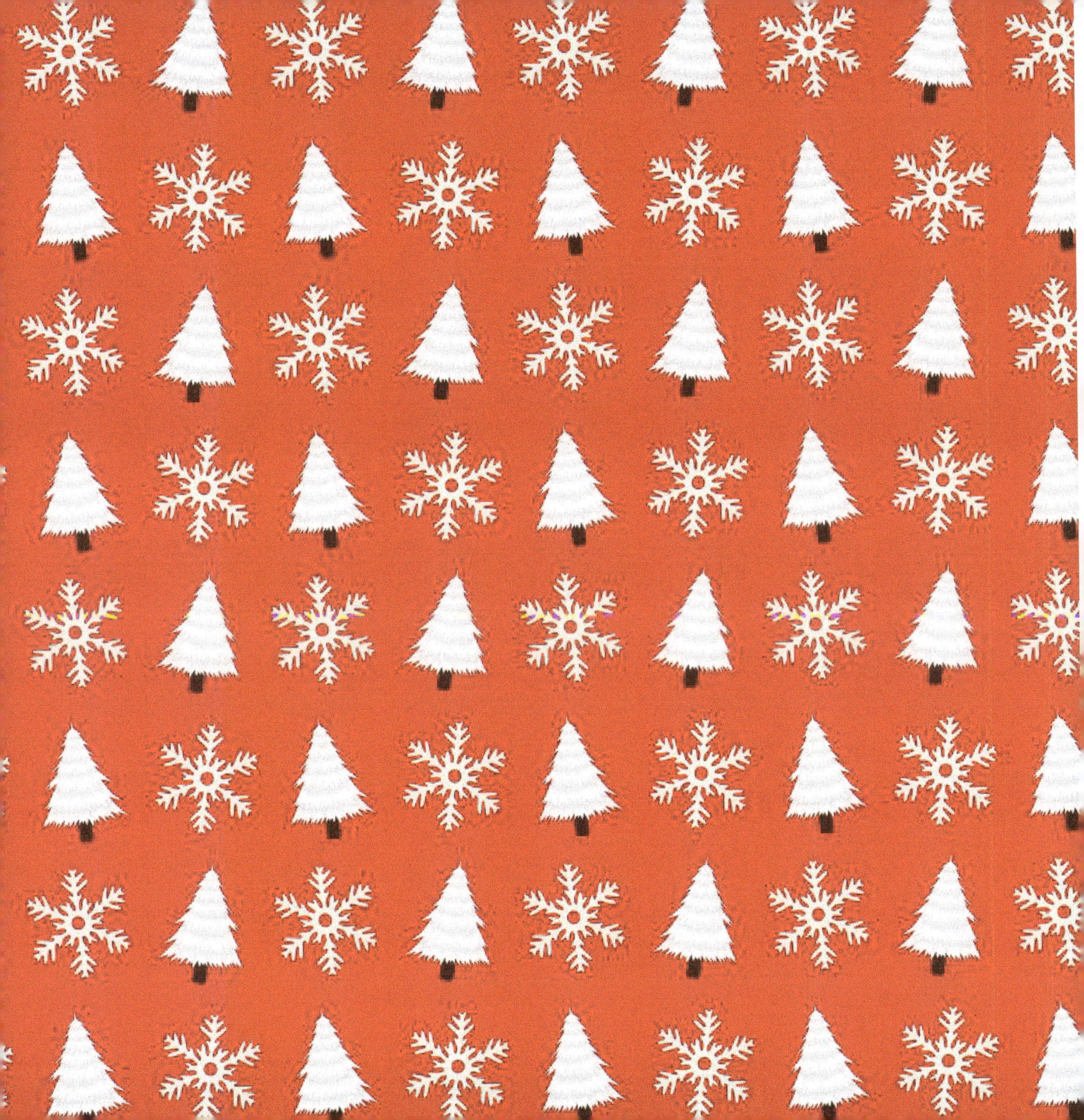

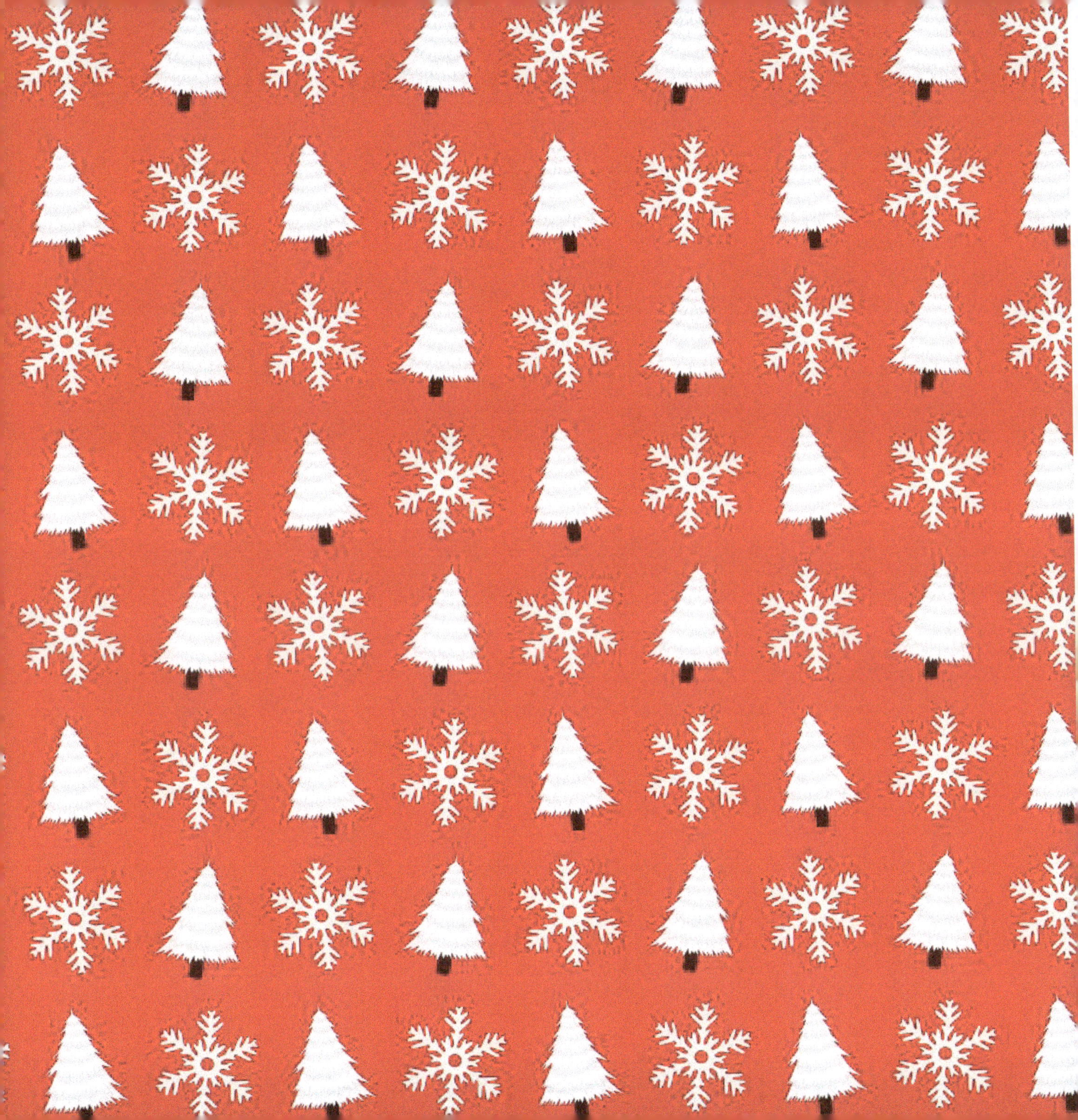

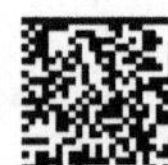

CPSIA information can be obtained
at www.ICGtesting.com
Printed in the USA
BVHW011400090522
636524BV00032B/1541

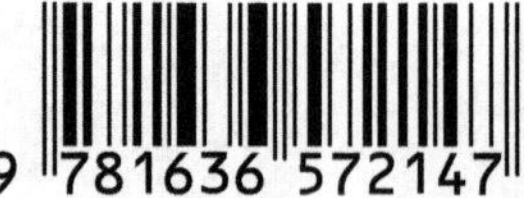

9 781636 572147